TEIL 2 - ODER 2. AUFLAGE, ODER 2. GESPRÄCH ZWISCHEN BEA UND GERD

Gerd - Wäre toll mit Beatrice wieder zu unterhalten. Aber sie ist irgendwo im Universum. Vielleicht bin ich zu naiv-egoistisch! Oder doch mit meiner Philosophie mit unserem und meinem Leben. Ist ja ein roter Faden bei meinen Büchern, wegen der Musik und Kultur oder der Gesellschaft und Menschheit, Zeitgeist und Zeitmomente. Habe vorhin ein altes One Hit Wonder gehört: Hey Little Girl von Icehouse. Ganz geiler Groove. Aber in 40 Jahren ist der Song total untergegangen... Oder doch wieder das Internet-Archiv-Gehirn? Oder doch Zensur und Meinungsverbote durch die momentanen Nazis, Coronaleugner, Klimaleugner, Trumpisten... Und "meine" Nationalbibliothek wird zerstört...

Bea - Wow! Gerdsche, Positive Vibrations, mach mal locker! Wir hatten so ein tolles Gespräch!

Gerd - Beeaaaaa, jaaaa!!

Gerd umarmt die Zeitläuferin. Es war viel warme Energie und positive Strömungen, es war göttlich!

Bea - Das war eine Ausnahme, wir sind eben vertraut. Du brauchst Gelassenheit, innere Ruhe. Und lache einfach über diese Menschen. Auf der Erde sind wir noch in der Steinzeit. Das menschliche Gehirn ist zu einströmig, keine toleranten Alternativen. Auf meinem Planeten... aber nein, kann ich nicht sagen... Meine 1. Direktive...

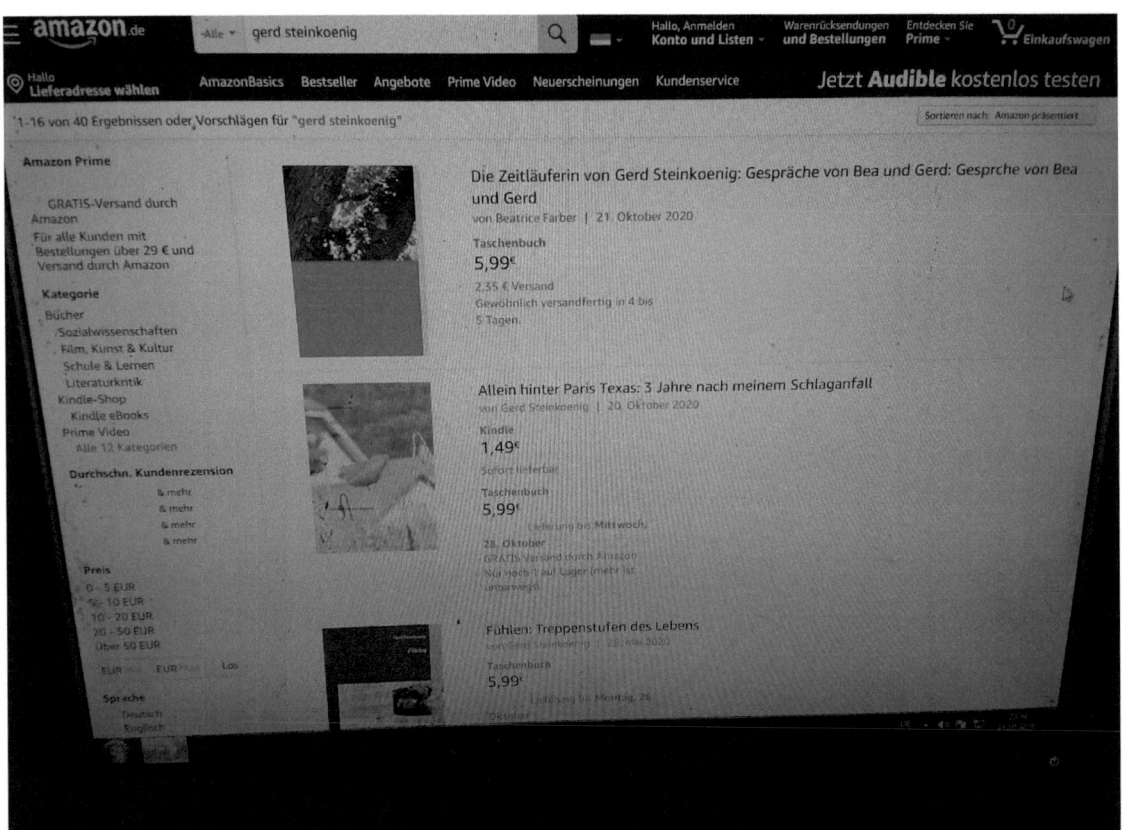

Excuse me Sir,
The Train For
A Better World...?

Puerto Libre

Bea - Du hast viel Kreativität, aber Du bist unverstanden. Sie sind oberflächlich und hetzig. Mach dein Ding!

Gerd - Danke!

ZEIT mit Blackstar, Santa Fe und Nasti!

Hab nach Monaten wieder nach den Musikfachblättern gesehen. Seit "gefühlten 1000 Jahren" mir Rolling Stone oder Musikexpress oder Eclipsed etc... Hatte schon damals gemeint: das wars (u.a. wegen Platzmangel). Ist ja geil, z.B. R.S. Special Edition mit Neil Young oder The Beatles... Und was war: gar nix! Da waren (in diversen Heften) 40 Jahre Marillion, Bowie Forever, Rolling Stones etc. Interessant, aber nur eins? Der Rest: Fragezeichen... In den 70ern oder 80ern hab ich IMMER die Top 10 Charts gewusst - heute? Gar nix... Natürlich schon für gute neue Musik!!!! Vor Kurzem: Blackstar mit Bowie.

Hab dann doch mal wieder Good Times Kult - das kenne ich...Da war "meine" Nastassja Kinski, Westlich von Santa Fe, Roseanne, 60 Jahre Asterix (wie ich, hahaha), UFO-Serie, Edward G. Robinson etc etc... Und immer wieder Erinnerungen: Westlich von Santa Fe zusamen mit Vater als Kind, Nasti natürlich aaaah... als Teenie, Robinson damals ein Favorit von mir (und Bogart wurde dann meine Nr. 1) etc...

Ähnlich mit dem Kult-Heft vor Tagen mit Meine Stars von damals. Seit ca. 3/4 Jahr gecheckt. Auch mit Kult-Heft - aber anders: totaler Mainstream von Kleinbürgern... Aber auch Erinnerungen mit Grace Kelly/ Cary Grant, Heidi Kabel, die Weihnachtsbäckerei von 60er/70er/80er etc... Erinnert z.B. mit Ohnsorg-Theater (Heidi Kabel) mit Tratsch im Treppenhaus. Als Kind samstagabend war das MUSS!!

Zeitrelationen: damals wusste ich nichts als Kind von Beatles, Pink Floyd, Sweet oder sonstwas. Aber das war geil mit Tratsch am Treppenhaus, Westlich von Santa Fe...

Gerd SteinkoenigGerd F SteinkoenigGerd Gerd

Gerd - War vom November 2019...

Bea - Ist ja gerade genau 1 Jahr...

Gerd - Hahaha, ich weiß, 1 Jahr ist für dich nur eine Tausendstel Sekunde...

Bea - So ist es...

Gerd - Ich bräuchte meine Aufgaben, damit ich nicht zu viel denke. Ich meine, in den letzten Büchern habe ich ein roter Faden mit Varianten. Natürlich jedesmal wirklich gut, aber es ist meine Tretmühle vom alten Leben. Altes Leben ist aber scheiße. Sicherlich viele Erinnerungen und Erlebnisse. War echt geil!! Aber neues Leben ist besser. Neue Alternativen, neue Freunde etc.! Momentan dreh ich nur im Kreis... Beachen, hilf mir!

Bea - Du bist echt nicht drauf! Du hast ein bisschen Blues, hat jeder normale Mensch - oder besser: jedes Lebewesen! Ich tritt dir in den Arsch, damit du Power hast. So sagt man das doch in der Pfalz, hahaha... Du weißt es selbst: Kampf, Mut, Wille, Disziplin - das sind deine Worte!!

Gerd - ... und vom toten Vater. War am 1. Todestag... Es floss aus dem Himmel ins Gehirn und von "Zauberhand" zum schreiben mit diesen 4 Worten...

Gerd - Vergänglichkeit ist seit jenem September 2017 gedanklich da. In dieser Zeit hat meine Katze Molly, ess Katzemäädsche, Probleme. Hat bald Zahnenzym-OP und Blutuntersuchung. Sie ist 15 1/2 Jahre alt, dadurch im Hinterkopf daran gedacht, mit der nächsten Lebensdimension... Und es ist mein Beweis, das diverse Lebewesen eine gleiche Wellenlänge haben.

Bea - Daher bin ich so schnell wieder da. Wegen dir... Du hast deine Horizonte, aber die Leute verstehen es oft nicht. Ist eben in der Steinzeit 2020...

Gerd - Nun ja, ich habe meine individuelle Art. Als Beispiel - natürlich Musik - "99 Miles From L.A." von Albert Hammond. Mitte der 1970er war das einer dieser Lieblingssongs. Wieder das Zeitmoment. Jugendzimmer, SWF 3-Radio, Erinnerungen... Die Leute wollen Gegenwart und Zukunft, aber keine Vergangenheit. Oberflächliche Vergangenheit schon - mit Abba, Smokie oder Boney M, aber kein Umma Gumma von Pink Floyd oder Yessongs von Yes...

Bea - Ich kann dich verstehen, aber tatsächlich niveauvoll Gegenwart für Zukunft. Mach dein Premiumleben. Leben ist eben auch Prüpfungen, Täler und Berge. Das sind deine Sinne des Lebens.

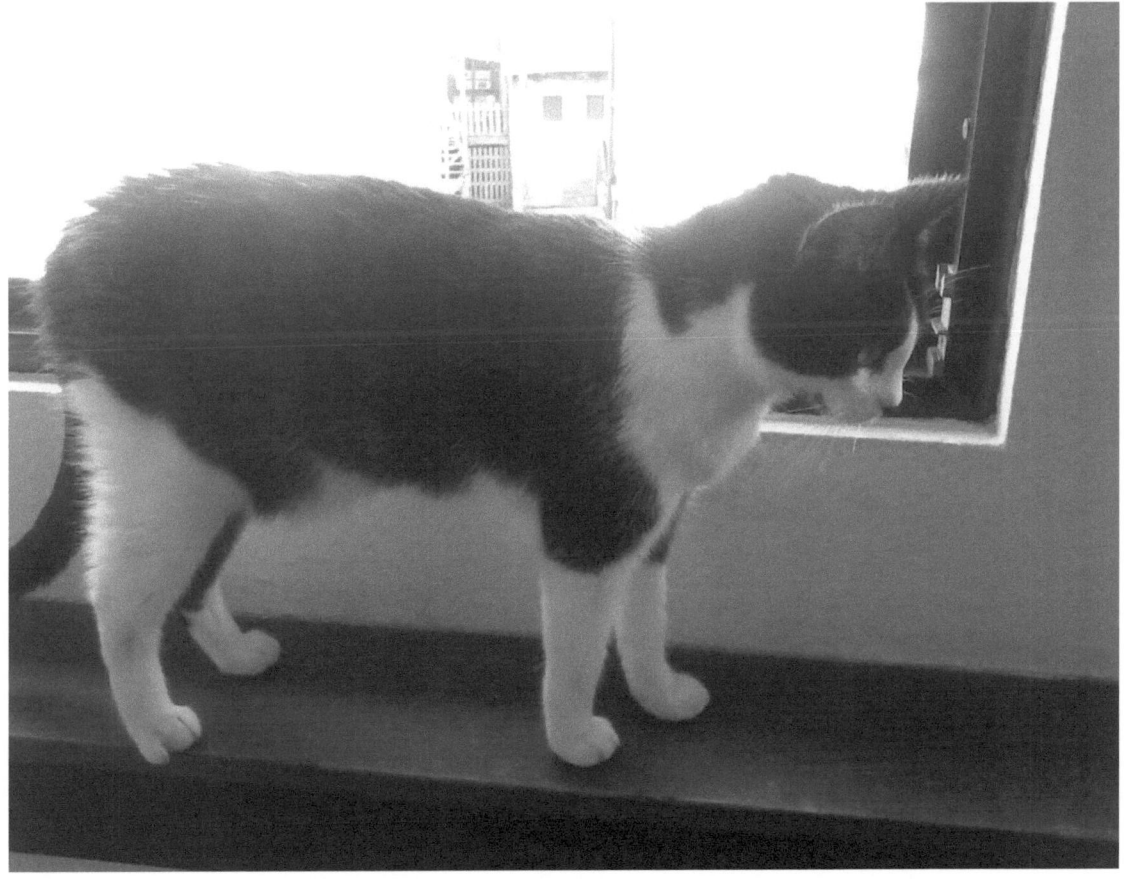

Gerd - Habe diverse Foto-Mix-Sachen... Diverse Zeiten, diverse Orte, vom Elternhaus in Schwedelbach bis Weinherbstreben in Birkweiler. Es soll ja mein letztes Buch sein. Durch dich, meine liebste Beatrice, hab ich doch noch dieses Buch. Und dadurch dieses Fotomisch.

Bea - Du hast sehr wenig von Kaiserslautern...

Gerd - Weil KL keine Zukunft ist. Da wären echt coole Fotos, aber ich möchte keine Erinnerungen haben. OK, diese Freunde und Erlebnisse sind ajutomatisch ab und zu dabei im Kopf. Waren ja über 50 Jahre... Aber keine Fotos. Ich glaube, da ist von KL der Weg vom Waldfriedhof, total künstlerisch: weit entfernt läuft der einsame (?) alte Mann!

Bea - Du hast viele Fotodokumentationen. Immer wieder diese Zeitmomente. Du weißt ja, das ich deine Bücher gelesen habe und ich war fasziniert durch deine Titelfotos!

Gerd - Oh, vielen Dank, liebe Bea!

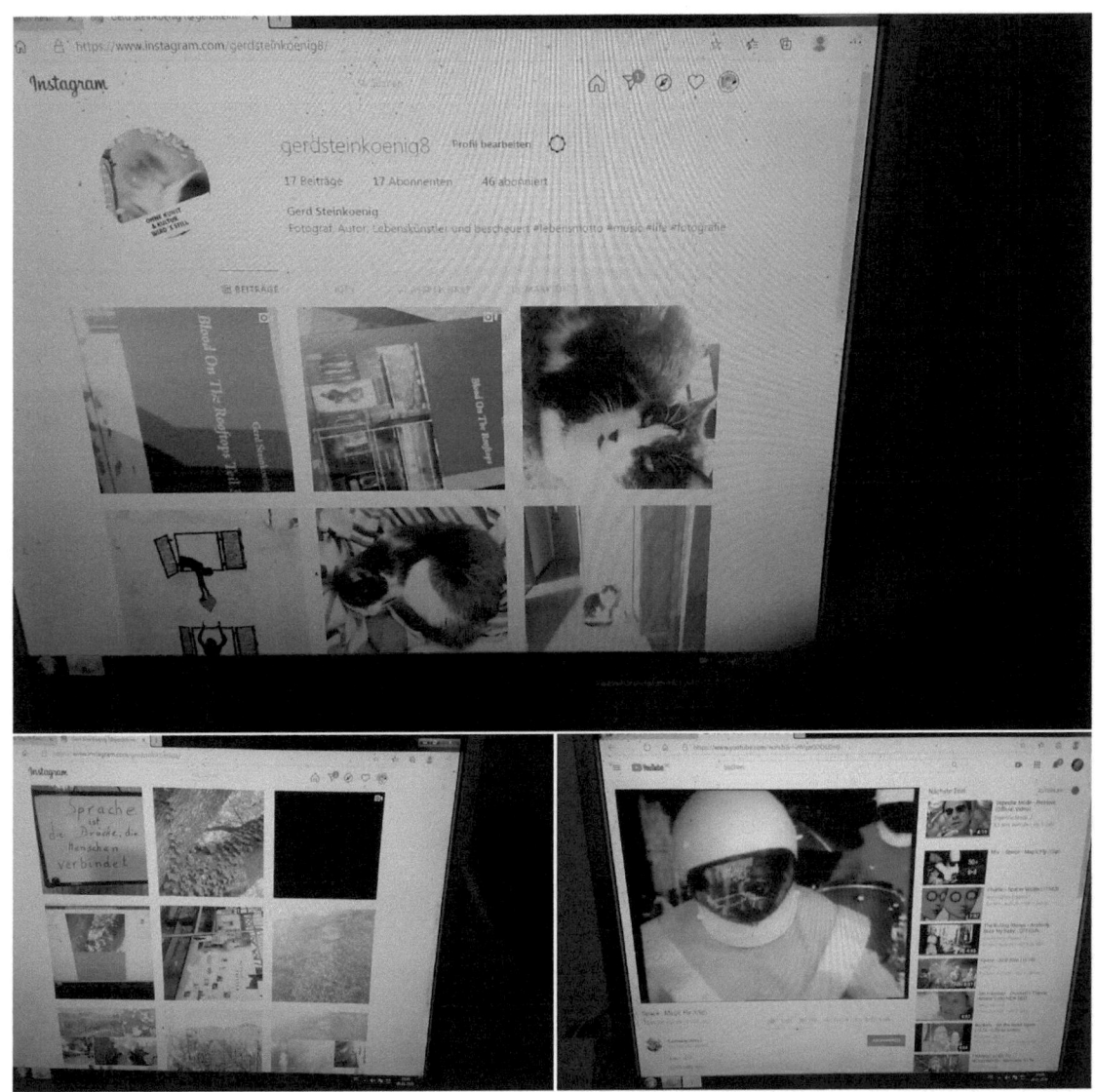

Buchautor Gerd Steinkoenig

13. November um 20:15 ·

FÜR EUCH ❤

Gerd Steinkoenig

13. November um 20:11 ·

EINE PROSA MIT 21 ZEILEN C P 13.11.2020 by GFS

Erinnerungen und Erlebnisse

Zeitläufe, Zeitgeister, Zeitmomente

Mein Katzenmädchen anno 2012 durch fb-Foto

Heute, 2020, gehts ihr nicht so gut - hoffentlich

Konzerte von Pink Floyd oder Genesis 1987/1988

Mit Lightmegashow, Lasershow

2020 nur Schulterzucken, nur Wegwerfware

Covid19 ist Vorsicht um (meine) Gesundheit

Covid19 ist Staatserziehung ist andere Gesellschaft

1968! Hää? 1977! Hää? 1989! Hää?

2020 ist Neue Weltordnung ist Staatserziehung

Junge Leute haben keine Ahnung vom 20. Jahrhundert

Davon nur von you tube, Wikipedia, Verschwörungen

21. Schrotthundert ist scheiße

20. Jahrhundert ist geil

Sorry, war scheiße von z.B. WW I, WW II

Aber Human Respect, Human Nature

Nur ein bisschen Beispiel: Gandhi, Nelson Mandela,

Mutter Theresa, James Dean, MM, BB, CC, DD,

Elvis, Beatles, Andy Warhol, Willy Brandt,

Pearl S Buck, John Steinbeck, Morricone...

Gerd - Das war bei meiner facebook-Seite, hahaha...

Bea - Prosaen, Fotos, Philosophien, Musikaufsätze - und Listen, du bist sehr differenziert. Und du hast in den Worten immer dein Herz und Bauch. Vielleicht doch noch mal ein Roman? Ganz anders, als immer in den eigenen Gedanken, sondern deine Fantasien und Horizonte mit einem Roman!

Gerd - Oje, vielleicht...

Bea - Na ja, ich ja auch nicht, obwohl ich Zeitläuferin bin. Nobody Is Perfect! Ich verabschiede mich, lieber Gerd.

Gerd - Schaaaade!! Du bist mein Vorbild und Ideal!

Herstellung und Verlag:
BoD - Books on Demand, Norderstedt
ISBN 978-3-7526-7452-1